TOUT SAVOIR SUR

LE VALLHUND

SUÉDOIS

II

TOUT SAVOIR SUR LE VALLHUND SUÉDOIS

Mon Ami Le Chien

Saphira Eiger

Sommaire

FICHE D'IDENTITÉ

NOM OFFICIEL : Västgötspets

AUTRES NOMS : Spitz des Visigoths

PAYS D'ORIGINE : Suède

CLASSIFICATION :

Groupe : 5 — Chiens de type Spitz et de type primitif

Section : 3 — Chiens nordiques de garde et de berger

CARACTÉRISTIQUES :

Taille de la femelle : 29 à 33 cm

Poids de la femelle : 9 à 13 kg

Taille du mâle : 31 à 35 cm

Poids du mâle : 10 à 14 kg

Longévité : De 13 à 15 ans en moyenne

FCI: 1954

AKC : 2007

KC : 1975

UKC : 1996

La Fédération Cynologique Internationale (**FCI**) est une organisation internationale basée en Belgique, comptant comme membres les institutions nationales de 98 pays. C'est, de loin, l'association canine la plus importante au niveau mondial.

L'American Kennel Club (**AKC**) est la principale association canine des États-Unis, et le seul registre gratuit du pays. Non affiliée à la FCI, elle a cependant une portée internationale.

The Kennel Club (**KC**) est l'association canine officielle du Royaume-Uni et c'est aussi la plus ancienne (elle fut créée en 1873). Peu influente sur le plan international, son histoire et son prestige font qu'elle est cependant très respectée.

L'United Kennel Club (**UKC**) est un registre canin basé aux États-Unis important en Amérique du Nord, mais peu suivi dans le reste du monde.

SES ORIGINES

Les origines exactes du Vallhund Suédois, connu également sous le nom de Spitz des Visigoths, ne sont pas connues avec certitude. Il est établi que ses ancêtres vivaient déjà avec les Vikings il y a plus de 1000 ans, mais la question demeure de savoir s'ils sont originaires de Scandinavie et ont été emmenés au Pays de Galles pour donner naissance au Corgi, ou le contraire.

De fait, le doute est permis. D'un côté, la couleur grisâtre proche de celle du loup et la tête triangulaire typique des spitz semblent indiquer des origines nordiques. De l'autre, le corps rectangulaire et les pattes courtes sont une exception parmi les chiens originaires des régions arctiques.

Au cours du Moyen Âge et jusqu'au début du 20ème siècle, le Vallhund — nom qui signifie « chien de berger » en suédois — était populaire dans les fermes. Il était spécialisé dans la conduite de troupeau, ses courtes pattes très agiles lui permettant de mordiller les sabots du bétail sans risquer de se faire assommer.

Toutefois, il était polyvalent, si bien que ses fonctions ne s'arrêtaient pas là. Il servait également de chien d'alerte, aboyant à l'approche d'inconnus, et se montrait très utile pour éliminer les souris, rats et autres vermines qui ravageaient les réserves de provisions. À l'occasion, il pouvait aussi aider à capturer un rongeur de taille plus appréciable, permettant de mettre un peu de viande de lapin sur la table de sa famille.

Dans les toutes premières décennies du 20ème siècle, la baisse du nombre de troupeaux, l'arrivée de nouvelles races en provenance du reste de l'Europe et les ravages de la Première Guerre Mondiale faillirent causer la disparition du Vallhund Suédois. Néanmoins, au début des années 40, le comte Bjorn von Rosen et Karl Gustaf Zettersen décidèrent de se lancer dans un programme d'élevage afin de le sauver de l'extinction. Les annonces passées dans les journaux ne leur permirent pas d'acquérir des individus ayant les caractéristiques recherchées, et la légende raconte qu'en 1942 ils parcoururent la campagne suédoise à vélo, visitant les fermes isolées à la recherche de représentants de la race.

Ils réussirent à trouver un mâle (Mopsen) et 3 femelles (Vivi, Topsy et Lessi) qui permirent de lancer leur programme d'élevage, basé dans la province de Vastergötland. Dès 1943, le Svensk

Kennel Klub (SKK), l'organisme canin de référence dans le pays, reconnut la race sous le nom de Svensk Vallhund, ou Vallhund Suédois. Le nom fut changé en 1964 au profit de celui de Vastgotaspets, ou Spitz de Västergotland, qui fut traduit à tort par Spitz des Visigoths, cumulant ainsi une faute d'orthographe (en français correct, on écrit Wisigoths), qu'une erreur géographique (les Wisigoths one évolué le long du bassin méditerranéen, bien loin de la Scandinavie) et une aberration historique (les Wisigoths disparurent bien avant l'arrivée des premiers Vikings.)

Dès 1954, la Fédération Cynologique Internationale (FCI) reconnut à son tour la race, ce qui facilita évidemment sa diffusion internationale. Elle arriva en Grande-Bretagne dans les années 70, et fut reconnue dès 1975 par le prestigieux Kennel Club, l'organisme canin de référence du pays. Elle commença également à se diffuser aux États-Unis dans les années 80, mais la reconnaissance y mit un peu plus de temps à arriver. En effet, il fallut attendre 1996 pour que l'United Kennel Club (UKC) américain reconnaissance le Vallhund Suédois, et encore une dizaine d'années pour que l'autre organisme de référence du pays, l'American Kennel Club (AKC), en fasse de même en 2007. Aujourd'hui, le Vallhund Suédois est reconnu par toutes les grandes associations canines nationales, y compris par exemple le Club Canin Canadien (CCC).

SON APPARENCE

Le Vallhund Suédois est un petit chien court sur pattes, qui n'est pas sans rappeler le Welsh Corgi.

Son corps a une forme rectangulaire, puisque sa longueur est égale à environ 1,5 fois sa hauteur. Il est allongé est bien musclé, avec un poitrail large. Il se prolonge par une queue qui peut être courte ou longue, et portée vers le bas ou vers le haut. Les pattes quant à elles sont dotées d'une ossature solide, mais sont assez courtes, quoique très agiles. Elles se terminent par des pieds ovales aux coussinets solides.

Vue du dessus, sa tête a une forme de triangle allongé, similaire à celle d'un loup dont il est un lointain descendant. Le crâne est modérément large, et le stop est bien marqué. Le museau est plus court que le crâne et se termine par une truffe noire. Les yeux sont ovales et doivent être de couleur brun foncé, tandis que les oreilles, pointues et de dimension moyenne, sont portées redressées.

Le pelage du Spitz des Visigoths est constitué d'un sous-poil doux et très dense et d'un poil de couverture dur et serré, de longueur moyenne. Il est plus court sur la tête et la face avant des pattes, et en revanche un peu plus long au niveau du cou, de la poitrine et de la face arrière des pattes.

Différentes couleurs de robe sont possibles : gris, brun-gris, jaune-gris ou brun-roux. Le poil peut être plus clair sur le museau, la gorge, le poitrail, le ventre et le bout des pattes. Au contraire, des poils plus foncés apparaissent sur le dos. Les « marques de harnais », terme servant à désigner des taches plus claires au niveau des épaules, ne sont pas un défaut, mais au contraire quelque chose de recherché.

Enfin, le dimorphisme sexuel est assez peu marqué chez cette race : la taille des mâles et celle des femelles ne diffère que de 2 cm en moyenne, et les premiers n'ont pas une apparence sensiblement plus massive que les secondes.

SON CARACTÈRE

Le Vallhund Suédois est un chien loyal et affectueux, qui adore passer du temps avec sa famille et sait la faire sourire grâce à sa bonne humeur contagieuse. Il peut néanmoins rester seul sans risquer de souffrir d'anxiété de séparation si ses maîtres doivent aller travailler en journée. En revanche, il ne saurait $ être abandonné un weekend entier au risque de développer des problèmes de comportement : aboiements intempestifs, destructions, etc.

Il aime jouer avec les enfants, et sa robustesse ainsi que sa petite taille font que les risques d'accident sont limités — pour lui comme pour eux. Il a cependant gardé de sa longue histoire de chien de troupeau une certaine tendance à mordiller les talons de ceux qui ne vont pas où il le souhaite. En tout état de cause, quelle que soit sa race, un chien ne doit jamais être laissé seul avec un tout-petit sans la moindre surveillance d'un adulte.

Le Vallhund Suédois est aussi proche de sa famille que timide et méfiant envers les humains qui lui sont inconnus. Il a tendance à les considérer comme une menace potentielle et ne manque pas d'aboyer pour signaler leur présence, même s'il a été bien sociabilisé. En revanche, une fois qu'il constate que son maître accueille positivement le nouveau venu et qu'il est invité à entrer, sa curiosité le pousse à vouloir faire connaissance.

Il s'entend bien avec ses congénères et avec les chats, et peut parfaitement cohabiter avec, dès lors que les présentations se font dans les règles de l'art. Il est en revanche déconseillé d'essayer de lui faire partager son foyer avec un rongeur, en particulier une souris ou un rat, dans la mesure où il a été pendant des siècles chargé d'exterminer ce genre de créatures. Il n'hésite d'ailleurs pas à se lancer à leur poursuite s'il en croise lors de ses promenades.

Par ailleurs, sa petite taille ne doit en aucun cas laisser croire que son besoin d'exercice est faible. Le Spitz des Visigoths déborde d'énergie et a besoin de pouvoir se dépenser au moins une heure par jour pour être bien dans ses pattes et dans sa tête. Promenades, jeux et sports canins comme l'agility ou le flyball sont d'excellents moyens de l'occuper. Il est donc fait pour un maître actif voire sportif, qui aime passer du temps à l'extérieur et apprécie d'avoir de l'ambiance à la maison. Il n'est pas adapté en revanche aux personnes âgées qui préfèrent le calme et la sérénité.

Au demeurant, ses courtes pattes ne l'empêchent pas d'être à l'aise sur tous types de terrains : forêt touffue, sentier de montagne, terrain de flyball, trottoirs urbains… La seule exception notable est la neige, dès lors qu'elle fait une certaine hauteur et qu'on s'y enfonce. Il n'est pas en mesure de s'y déplacer aussi aisément qu'ailleurs, et notamment d'y courir aussi rapidement.

S'il ne l'empêche pas d'être sportif, son petit gabarit est en tout cas un atout s'il est amené à vivre en appartement. Ce n'est certes pas un cadre de vie idéal pour lui, mais il peut s'en accommoder dès lors qu'il est suffisamment sorti et en mesure de faire assez d'exercice chaque jour. Le mieux reste quand même qu'il ait accès à un jardin dans lequel il peut courir et jouer. Pour autant, il n'est pas fait pour vivre en extérieur : sa proximité avec sa famille fait qu'il a besoin de passer du temps avec elle, et doit pouvoir à tout moment accéder à l'intérieur pour s'en sentir un membre à part entière.

Enfin, le Vallhund Suédois a tendance à aboyer beaucoup et mille raisons, ce qui peut vite être pénible tant pour ses maîtres que pour les voisins. C'est un aspect qui doit être abordé dans le cadre de son éducation, afin de lui apprendre à n'utiliser sa voix qu'à bon escient.

SA SANTÉ

Le Vallhund Suédois est généralement robuste, et nombreux sont les spécimens qui dépassent les 15 ans.

Son pelage double lui permet de bien résister au froid, mais aussi de le protéger lorsque la température monte. S'il n'est pas adapté aux climats les plus chauds, il supporte bien mieux que d'autres races nordiques les périodes de canicule, à condition bien entendu d'avoir la possibilité de se reposer dans un endroit ombragé ou climatisé et de bannir tout exercice intense aux heures les plus chaudes.

Comme tout chien, il est toutefois particulièrement exposé à certaines maladies. Dans son cas, il s'agit de :

- la dysplasie de la hanche, une malformation de l'articulation qui peut être caractérisée par une prédisposition héréditaire, et cause des difficultés plus ou moins grandes pour se déplacer ;

- la luxation patellaire, lorsque la rotule sort de son emplacement et bloque l'articulation, qui est responsable d'un boitement ;

- l'atrophie progressive rétinienne, une dégénérescence des tissus oculaires qui entraîne une perte progressive et irréversible de la vue, et est d'origine génétique. C'est une maladie très présente chez cette race : une étude parue en 2014 et intitulée « A Novel Form of Progressive Retinal Atrophy in Swedish Vallhund Dogs », portant sur plus de 300 Vallhund Suédois dans 7 pays sur 3 continents, établit que plus d'un chien sur 3 en est porteur. Elle se déclenche en moyenne à l'âge de 4-5 ans, et mène à une perte de la vision nocturne aux alentours de 6-7 ans. La cécité totale intervient plus tard, généralement vers l'âge de 12 ou 13 ans. Dit d'une manière plus directe, une bonne partie des représentants de la race finissent leur vie aveugles.

Par ailleurs, l'obésité est un risque à ne pas négliger chez le Spitz des Visigoths, car son solide appétit l'y prédispose. Elle peut entraîner ou aggraver de nombreux problèmes de santé, et constitue un véritable cercle vicieux. En effet, plus un chien prend de l'embonpoint, moins il est actif, et donc plus il a tendance à grossir.

L'adoption auprès d'un éleveur de Vallhund Suédois sérieux est le meilleur moyen d'adopter un animal en parfaite santé, et qui le reste. En plus d'un carnet de santé ou vaccination confirmant que le chiot a bien reçu tous les vaccins nécessaires et d'un certificat de bonne santé signé par un vétérinaire, il doit pouvoir fournir les résultats des tests génétiques effectués sur les parents ou sur le chiot pour éviter les maladies héréditaires.

Il est important de faire attention à ne pas trop solliciter le chiot pendant sa phase de croissance. Ses os et articulations sont encore fragiles, et des jeux trop intenses ou des activités trop longues peuvent être la cause de dommages irréversibles qui risquent de l'handicaper pour le reste de sa vie.

Enfin, même s'il est — ou du moins semble — en parfaite santé, tout chien doit voir un vétérinaire au moins une fois par an pour un contrôle de santé annuel. Cela permet de confirmer qu'effectivement tout est en ordre, ou au contraire déceler un début de problème et le prendre en charge au plus tôt. Cette visite de routine est aussi l'occasion d'effectuer les rappels de vaccins. En parallèle, charge au maître de renouveler les traitements antiparasitaires de son compagnon tout au long de l'année, chaque fois que cela est nécessaire.

SA POPULARITÉ DANS LE MONDE

Dans son pays d'origine, la Suède, le Västgötaspets jouit d'une certaine popularité qui ne se dément pas depuis plusieurs décennies, avec environ 200 naissances enregistrées par an depuis les années 90.

Il ne laisse pas non plus indifférents les Finlandais, avec autour de 100 enregistrements par an au Suomen Kennelliitto depuis le début du 21ème siècle.

Il se fait en revanche nettement plus discret au Danemark et en Norvège, avec généralement moins de 10 naissances chaque année. Le nombre est même parfois nul.

En France, alors qu'il était rare jusqu'à la fin des années 2000 avec moins de 10 inscriptions par an auprès du Livre des Origines Français (LOF), il connut un succès impressionnant dans la décennie suivante, atteignant la centaine de naissances annuelles.

En Grande-Bretagne, la tendance est inverse, les inscriptions auprès du KC étant passées au cours des années 2010 d'une cinquantaine à moins de 30.

Aux États-Unis, il souffre aussi d'une certaine désaffection, et a perdu régulièrement des places au sein du classement des races par popularité établi par l'AKC sur la base des enregistrements annuels auprès de l'organisme. Il émerge désormais au-delà de la 160ème position, sur un peu moins de 200 races.

SES DIFFÉRENTS USAGES

Pendant des siècles, le Vallhund Suédois s'est illustré dans les fermes de son pays d'origine par sa polyvalence, une qualité qui était fortement appréciée.

Sa principale fonction était le plus souvent de conduire les troupeaux, bien aidé par sa petite taille et son agilité pour se mettre hors de portée des coups de sabots des vaches récalcitrantes. Mais c'était aussi un chien de garde vigilant, qui signalait l'approche d'étrangers grâce à ses aboiements.

Il avait également pour mission de protéger les réserves de nourriture contre les souris et autres rongeurs. Et tant qu'à chasser, il pouvait aussi ramener de temps à autre un lapin qui passait par là pour varier les menus de sa famille.

Aujourd'hui, rares sont les personnes qui ont besoin de protéger leur frigidaire contre les rats, et les qualités du Vallhund pour la conduite de troupeau ne sont plus utilisées que par quelques fermiers nostalgiques. Quant aux chasseurs, ils préfèrent des chiens davantage spécialisés dans cette tâche, avec qui ils obtiennent assurément de meilleurs résultats.

Si le Spitz des Visigoths est encore relativement présent de nos jours et s'est même diffusé en dehors de ses terres d'origine, c'est pour un autre rôle que celui qu'il occupa pendant des siècles : celui de chien de compagnie. Sa vivacité et sa bonne humeur ne manquent pas de séduire des familles actives, qui apprécient cet animal débordant d'énergie et d'affection.

Il continue cela dit à aboyer à l'approche d'étrangers, prenant sa mission de chien d'alerte à cœur. Le problème est toutefois qu'il y a de multiples autres raisons qui sont susceptibles de le faire aboyer, troublant ainsi le repos des voisins.

Enfin, ses qualités physiques, et plus précisément sa vivacité, en font par ailleurs un solide prétendant au podium dans des sports canins comme l'agility, l'obéissance ou le flyball. C'est aussi un champion potentiel des concours de conduite de troupeau, mais il est important de lui faire comprendre qu'il ne doit pas s'entrainer à la maison en mordillant les pieds des enfants ou des adultes.

ÉDUQUER SON VALLHUND SUÉDOIS

Comme tout chien, la socialisation du Vallhund Suédois doit commencer dès son plus jeune âge. En faisant la connaissance de différentes personnes (voisins, vétérinaire, livreurs…), en croisant la route d'autres animaux en vivant des situations variées et en étant confronté à toutes sortes de stimuli (odeurs, bruits, etc.), il apprend à devenir un adulte sociable et équilibré.

Intelligent, proche de ses maîtres et aimant leur faire plaisir, le Spitz des Visigoths est une race recommandée comme premier chien, car facile à éduquer. Comme n'importe lequel de ses congénères, il a besoin d'un tant soit peu de fermeté et de constance, mais n'a pas tendance à essayer d'imposer sa volonté à un maître hésitant ou ne sachant pas s'affirmer, ce qui laisse une certaine marge d'erreur pour un débutant.

Comme il fonctionne à l'affectif, les méthodes basées sur le renforcement positif sont à privilégier. Elles permettent de consolider le lien avec sa famille, et le motivent pour continuer à apprendre. Son maître ne doit donc pas être avare de compliments, caresses et friandises, tout en veillant à rester suffisamment ferme et constant pour asseoir son autorité.

Une des premières choses à lui apprendre est de contrôler ses aboiements, c'est-à-dire à ne pas aboyer pour n'importe quelle raison. Il est dans sa nature de se faire entendre, et il est vain d'aller totalement à l'encontre. Néanmoins, il est possible de lui faire comprendre quelles sont les situations qui méritent d'être signalées et celles qu'il peut ignorer, mais aussi de lui apprendre à cesser immédiatement d'aboyer dès qu'on le lui demande.

L'autre point qu'il doit assimiler rapidement est de ne pas mordiller les talons des enfants ou des adultes, voire de les prendre en chasse afin de les regrouper. C'est un comportement instinctif pour lui qui a été habitué pendant des siècles à mener ainsi son troupeau, mais il faut lui faire comprendre dès que la situation se présente que les membres de sa famille ne sont pas du bétail qu'il doit mener à la baguette — pas davantage d'ailleurs qu'un jogger qui passerait par là.

Enfin, une fois les apprentissages de base assimilés, son intelligence et le lien qui l'unit à ses maîtres permettent d'aller bien plus loin pour qui le souhaite. Il a ainsi une grande capacité à apprendre régulièrement de nouveaux tours, et peut aussi être formé pour briller dans les sports canins comme l'agility, le flyball ou l'obéissance.

NOURRIR SON VALLHUND SUÉDOIS

Le Vallhund Suédois ne pose pas de problème à l'heure du repas et est ravi de pouvoir se remplir le ventre de nourriture industrielle pour chien. Pour maximiser les chances de le garder en bonne santé, celle-ci doit être de bonne qualité et lui apporter tous les nutriments dont il a besoin. Tant les produits choisis que les quantités qui en sont distribuées doivent être adaptés à sa taille, son âge et son niveau d'activité.

L'obésité est un problème bien réel chez le Spitz des Visigoths qui, malgré une dépense énergétique élevée, a tendance à avoir les yeux plus gros que le ventre. Il faut donc bien faire attention à respecter les quantités recommandées par le fabricant, et songer à déduire de sa ration quotidienne les calories apportées par les éventuelles friandises qui lui sont données.

En parallèle, il convient de le faire monter sur la balance deux fois par mois. Une prise de poids injustifiée qui se confirme d'une mesure sur l'autre est le signe qu'une visite chez le vétérinaire s'impose. En effet, seul un professionnel est à même d'identifier avec certitude l'origine du problème (une maladie, un effet secondaire d'un médicament, un régime inadapté…) et offrir une solution.

Par ailleurs, comme tous ses congénères, le Vallhund Suédois doit avoir en permanence accès à de l'eau fraîche.

PRENDRE SOIN DE SON VALLHUND SUÉDOIS

L'entretien du pelage du Vallhund Suédois est simple : un brossage hebdomadaire vigoureux est suffisant pour éviter les nœuds et enlever la saleté. Toutefois, au printemps et à l'automne, le chien connaît ses deux mues annuelles, et il est alors nécessaire de le brosser tous les jours pour éviter de retrouver des poils partout dans la maison.

Comme son pelage reste généralement propre il n'est pas nécessaire de lui faire prendre un bain trop souvent. Ce n'est pas forcément plus mal, car son sous-poil met beaucoup de temps pour sécher. À moins bien sûr qu'il ne se soit particulièrement sali, une ou deux fois par an est largement suffisant. Il faut veiller à utiliser systématiquement un shampooing doux spécial pour les chiens.

Ses oreilles nécessitent un entretien nettement plus fréquent : elles doivent être nettoyées toutes les semaines avec un tissu propre, pour enlever les excès de cire et les éventuels débris. Cela permet de réduire le risque d'infections (otites, etc.) à ce niveau.

Il faut par la même occasion examiner ses yeux et frotter doucement leur coin avec un chiffon humide, pour éliminer toute accumulation de saleté qui pourrait là aussi être à l'origine d'une infection.

Garder son chien en bonne santé passe aussi par le fait de brosser ses dents régulièrement, ce qui permet de lutter contre la plaque dentaire. Au-delà du fait que cela évite des problèmes de mauvaise haleine, c'est aussi le meilleur moyen de réduire le risque de maladies bucco-dentaires, dont certaines peuvent avoir de graves conséquences. L'idéal est d'effectuer ce brossage chaque jour, mais une fois par semaine est déjà bien. En tout état de cause, il convient d'utiliser systématiquement un dentifrice spécialement conçu pour la gent canine.

Il est également nécessaire d'examiner ses griffes au moins une fois par mois, afin de voir si l'usure naturelle suffit à les limer ou bien s'il est nécessaire de les tailler manuellement. En effet, dès lors qu'elles deviennent trop longues, elles peuvent non seulement le gêner pour marcher, mais aussi se casser — avec le risque de le blesser par la même occasion. Si on entend un cliquetis lorsqu'il marche sur une surface dure, c'est que le moment est venu de les couper.

S'adresser la première fois à un toiletteur professionnel ou un vétérinaire est le meilleur moyen d'apprendre à ses côtés les bons gestes pour entretenir le pelage de son chien ainsi que ses oreilles, ses yeux, ses dents et ses griffes. Ils ne sont pas particulièrement compliqués, mais ne sauraient être effectués de manière approximative, au risque d'être insuffisamment efficaces ou de faire souffrir l'animal — voire de le blesser. En tout cas, il ne faut pas hésiter à commencer rapidement, afin que ce dernier s'habitue dès son plus jeune âge à ces manipulations et les accepte sans rechigner tout au long de sa vie.

COUT D'UN VALLHUND SUÉDOIS

Le prix d'un chiot Vallhund Suédois se situe aux alentours de 1000 euros, sans différence notable entre les mâles et les femelles.

Au Québec, où la race est encore relativement rare, il faut compter de 1500 à 2000 dollars canadiens.

Quel que soit l'endroit, le montant demandé varie grandement en fonction de la réputation de l'élevage, du prestige de la lignée dont le chiot est issu, ainsi et surtout que de ses caractéristiques intrinsèques — en particulier sa plus ou moins grande conformité au standard de la race. C'est d'ailleurs ce qui justifie que le prix peut être différent entre plusieurs individus d'une même portée.

peut être différent entre plusieurs individus d'une même portée.

QUELQUES VALLHUND SUÉDOIS CÉLÈBRES

Malheureusement, pour l'instant aucun VALLHUND SUÉDOIS n'a réussi à se rendre célèbre.

LE STANDARD DU VALLHUND SUÉDOIS

STANDARD FCI NUMÉRO : 14

DATE DE PUBLICATION : 27.05.2014

ASPECT GENERAL :

Petit chien court sur pattes et puissant. Aspect et expression dénotent un chien vigilant, vif et énergique.

PROPORTIONS IMPORTANTES :

Le rapport entre la hauteur au garrot et la longueur du corps doit être de 2/3. La distance entre le point le plus bas de la poitrine et le sol ne doit jamais être inférieure à 1/3 de la hauteur au garrot.

COMPORTEMENT/CARACTERE :

Vigilant, énergique, sans peur et vif.

TETE :

La tête est assez longue et nettement dessinée. Les lignes du crâne et du chanfrein sont parallèles.

REGION CRANIENNE :

Vue de dessus et de profil, elle est modérément large et s'amenuise graduellement vers la truffe.

Crâne : Presque plat.

Stop: Bien marqué.

Truffe : Noire.

Museau : Vu de profil, il paraît tronqué. Il est légèrement plus court que le crâne.

Lèvres : Parfaitement jointives.

Mâchoires/dents : La mâchoire inférieure est relativement tronquée et puissante sans être proéminente. Articulé en ciseaux parfait et régulier ; dentition complète, bien développée et régulière.

YEUX :

De dimensions moyennes, de forme ovale et de couleur brun foncé.

 OREILLES :

De dimensions moyennes, pointues, dressées.
Le pavillon de l'oreille est dur de la base à
l'extrémité, couvert de poil lisse et mobile. La
longueur doit être légèrement supérieure à la
largeur à la base.

COU :

Long et fortement musclé, bien dégagé.

CORPS :

Ligne du dessus : Le dos est horizontal, bien
musclé.

Rein : Court et fort.

Croupe : Elle est large et légèrement inclinée.

Poitrine : Longue et bien descendue. Côtes
bien cintrées. Vue de face, la poitrine est ovale ;

de profil elle est elliptique. Elle descend au deux cinquièmes de la longueur du membre antérieur (du coude au sol), et, vue de profil, son point le plus bas se situe immédiatement derrière le coude. Le sternum est visible, mais pas excessivement prononcé.

Ligne du dessous et ventre : Le ventre est légèrement rentré.

QUEUE :

On rencontre deux types de queue : la queue longue ou la queue naturellement courte dont les dimensions peuvent varier. Dans les deux cas, toutes les variations de port sont admises car il n'y a aucune précision sur ce point.

MEMBRES :

Avec une bonne ossature.

MEMBRES ANTERIEURS :

Epaule : Longue et bien inclinée à 45° de l'horizontal.

Bras : Légèrement plus court que l'omoplate, il forme avec elle un angle net. Le bras est bien appliqué contre les côtes, mais, cependant, il est très mobile.

Avant-bras : Vu de face, il est légèrement incurvé, juste ce qu'il faut pour qu'il joue librement au niveau de la partie inférieure de la poitrine.

Métacarpe : Elastique.

Pieds antérieurs : De dimensions moyennes, courts, ovales, dirigés droit devant, bien serrés, pourvus de coussinets forts et de bonnes jointures.

MEMBRES POSTERIEURS :

Vue d'ensemble : Vus de derrière, les membres postérieurs sont parallèles.

Cuisses : Larges et fortement musclées.

Grasset : Bien angulé.

Jambe : La longueur de la jambe est légèrement supérieure à la distance du jarret au sol.

Jarret : Bien angulé.

Métatarse : De hauteur moyenne.

Pieds postérieurs : De dimensions moyennes, courts, ovales, dirigés droit devant, bien serrés, pourvus de coussinets forts et de bonnes jointures.

Belles, avec une bonne amplitude et impulsion.

Qualité du poil :

Le poil de couverture est de longueur moyenne, dur, serré et bien couché. Le sous-poil est doux et très dense. Le poil est court sur la tête et la partie antérieure des membres ; il peut être légèrement plus long sur le cou, la poitrine et la partie postérieure des membres.

Couleur du poil :

Gris, brun grisâtre, jaune grisâtre, jaune rougeâtre ou brun rougeâtre. Un poil plus clair, dans les mêmes nuances de couleurs mentionnées plus haut, peut se rencontrer sur le museau, la gorge, la poitrine, le ventre, les fesses, les pieds et les jarrets. Des poils plus foncés sont visibles sur le dos, le cou et les côtés du corps. Les marques plus claires sur les épaules, appelées « marques du harnais », et sur les joues sont recherchées. Le blanc est admis en petite quantité tel qu'une liste étroite, une tache sur le cou ou un léger collier. Les marques blanches sont admises aux membres antérieurs et postérieurs et sur la poitrine.

DEFAUTS :

Tout écart par rapport à ce qui précède doit être considéré comme un défaut qui sera pénalisé en fonction de sa gravité et de ses conséquences sur la santé et le bien-être du chien.

- Trop près de terre.
- Stop pas bien marqué.

• Museau en sifflet.

• Manque de deux P1 ou une P2.

• Yeux clairs nuisant à l'expression.

• Oreilles attachées trop bas.

• Poitrine trop ou insuffisamment descendue.

• Devant trop large.

• Epaules droites.

• Bras (humérus) trop courts.

• Membres postérieurs trop angulés.

• Absence de « marques de harnais » or marques sur les joues.

DEFAUTS GRAVES :

• Crâne court ou arrondi.

• Chanfrein court.

• Mâchoire inférieure fuyante ou étroite ; mâchoire manquant de puissance.

• Articulé en tenaille (bout à bout).

• Absence de molaires (sauf M3).

• Dos de carpe.

• Poil doux et poil écarté.

• Poil trop court ou trop long.

• Absence de sous-poil.

• Marques blanches dépassant 1/3 de la couleur de base.

•Hauteur au garrot très divergente de la hauteur idéale.

DEFAUTS ENTRAINANT L'EXCLUSION :

• Chien agressif ou peureux.

• Tout chien présentant de façon évidente des anomalies d'ordre physique ou comportemental.

• Prognathisme supérieur ou inférieur.

• Yeux bleus : un ou deux.

• Oreilles pendantes ou semi dressées.

• Poil long ou ondulé.

• Couleur noire, blanche, marron (foie) ou bleu.

www.ingramcontent.com/pod-product-compliance
Lightning Source LLC
Chambersburg PA
CBHW070317160726
47999CB00003B/1055